卞尺丹几乙し丹卞と

Translated Language Learning

Folk-Tales of Bengal
banglar lokkahini
বাংলার লোককাহিনী

The Origins of Opium
afimer utpatti
আফিমের উৎপত্তি

Rev. Lal Behari Day
লালবিহারী দে

English / বাংলা

Copyright © 2023 Tranzlaty
Cover by Warwick Goble
All rights reserved
Published by Tranzlaty
ISBN: 978-1-83566-220-5
Original text by Rev. Lal Behari Day
Taken from Folk-Tales of Bengal
First published in 1912
www.tranzlaty.com

The Origins of Opium
afimer utpatti
আফিমের উৎপত্তি

Once upon on a time there was a Rishi
ek somoy ekjon rishi chilen
এক সময় একজন ঋষি ছিলেন

he lived on the banks of the holy Ganga
tini pobitro gangar tire bass karten
তিনি পবিত্র গঙ্গার তীরে বাস করতেন

this Rishi spent his days and nights performing religious rites
ei rishi tar din ebong raat dharmiya acharya palan kare katiechilen
এই ঋষি তার দিন এবং রাত ধর্মীয় আচার পালন করে কাটিয়েছিলেন

and he spent his time in meditation upon God
ebong tini ishwarer prati dhyane tar somoy byay korechilen
এবং তিনি ঈশ্বরের প্রতি ধ্যানে তার সময় ব্যয় করেছিলেন

From sunrise to sunset he sat on the river bank
suryodoy theke suryast porjonto tini nadir tire base chilen
সূর্যোদয় থেকে সূর্যাস্ত পর্যন্ত তিনি নদীর তীরে বসে ছিলেন

and for the whole time he sits engaged in devotion
ebong puro samay tini bhaktite niyojit thaken
এবং পুরো সময় তিনি ভক্তিতে নিয়োজিত থাকেন

and at night he took shelter in a hut of palm-leaves
ebong raate tini khejur patar kundeghare ashroy niyechhilen
এবং রাতে তিনি খেজুর পাতার কুঁড়েঘরে আশ্রয় নিয়েছিলেন

the palms that he had grown from saplings
chara theke tini ye khejur chash korechilen
চারা থেকে তিনি যে খেজুর চাষ করেছিলেন

There were no men and women for miles round
mile er opore kon nari-purush chhil na.
মাইল ের ওপরে কোন নারী-পুরুষ ছিল না।

In the hut, however, there was a mouse
kundeghare abashya ekti indur chhil
কুঁড়েঘরে অবশ্য একটি ইঁদুর ছিল

this mouse lived from what the Rishi left her each day
ei indurati protidin rishi take ya rekhe giyechilo ta theke benche chhil
এই ইঁদুরটি প্রতিদিন ঋষি তাকে যা রেখে গিয়েছিল তা থেকে বেঁচে ছিল
it was not in the nature of the sage to hurt any living thing
kono jibonto bastuke aghat kora rishir prokritir madhye chhil na
কোনও জীবন্ত বস্তুকে আঘাত করা ঋষির প্রকৃতির মধ্যে ছিল না
so our mouse never ran away from him
sutaran amader indur kakhani tar kach theke paliye yayni
সুতরাং আমাদের ইঁদুর কখনই তার কাছ থেকে পালিয়ে যায়নি
in fact, our mouse went to him
asley, amader indur tar kache giyechhilo
আসলে, আমাদের ইঁদুর তার কাছে গিয়েছিল
she touched his feet and played with him
se tar pa sparsh korechilo ebong tar sathe khelechilo
সে তার পা স্পর্শ করেছিল এবং তার সাথে খেলেছিল
The Rishi wanted to be kind to the little mouse
rishi chhot indurer prati saday hate cheyechhilen
ঋষি ছোট ইঁদুরের প্রতি সদয় হতে চেয়েছিলেন
and he wanted to have some one to talk to
ebong tini ekjoner sathe katha balte cheyechhilen
এবং তিনি একজনের সাথে কথা বলতে চেয়েছিলেন
so, he gave her the power of speech
sutaran, tini take katha balar kshamata diechilen
সুতরাং, তিনি তাকে কথা বলার ক্ষমতা দিয়েছিলেন

One night the mouse stood on in front of the Rishi
ek raate indurati rishir samne dandi chhil
এক রাতে ইঁদুরটি ঋষির সামনে দাঁড়িয়ে ছিল
the mouse put together her front paws to beg
indurati bhiksha karar jonno tar samner paguli ekotrito korechilo
ইঁদুরটি ভিক্ষা করার জন্য তার সামনের পাগুলি একত্রিত করেছিল
"Holy sage, you were kind when you gave me human language"
"pobitro rishi, apni jakhan amake manav bhasha diyechhilen takhan apni dayalu chilen"

"পবিত্র ঋষি, আপনি যখন আমাকে মানব ভাষা দিয়েছিলেন তখন আপনি দয়ালু ছিলেন"

"If it will not displease your reverence, I have one more boon to ask"

"yadi eti apnar shroddhake osontusto na kare, tobe amar kache aro ekti ashirbad chawar ache"

"যদি এটি আপনার শ্রদ্ধাকে অসন্তুষ্ট না করে, তবে আমার কাছে আরও একটি আশীর্বাদ চাওয়ার আছে"

"What is it?" said the Rishi

"eta ki?" rishi bollen.

"এটা কি?" ঋষি বললেন।

"What is it, little mouse?"

"eta ki, chott indur?

"এটা কি, ছোট্ট ইঁদুর?

"Say what you want"

'tumi ya chao tai balo'

'তুমি যা চাও তাই বলো'

The mouse answered the Rishi

indur rishike uttar dil

ইঁদুর ঋষিকে উত্তর দিল

"by day your reverence goes to the river-side for devotion"

"din din tomar shraddha bhaktir jonno nadir tire chale yai"

"দিন দিন তোমার শ্রদ্ধা ভক্তির জন্য নদীর তীরে চলে যায়"

"during this time a cat comes to the hut to catch me"

"ei samay ekti bidal amake dharte kundeghare aase"

"এই সময়ে একটি বিড়াল আমাকে ধরতে কুঁড়েঘরে আসে"

"but she still has some fear of your reverence"

"kintu tar ekhono apnar shraddhar kichuta bhay royce"

"কিন্তু তার এখনও আপনার শ্রদ্ধার কিছুটা ভয় রয়েছে"

"without this the cat would have eaten me long ago"

"eta na hale bidalti amake anek agei kheye felt"

"এটা না হলে বিড়ালটি আমাকে অনেক আগেই খেয়ে ফেলত"

"but I fear the cat will eat me some day"

"kintu ami bhoy pachhi ye bidalti ekdin amake kheye felbe"

"কিন্তু আমি ভয় পাচ্ছি যে বিড়ালটি একদিন আমাকে খেয়ে ফেলবে"
"My prayer is that I may be changed into a cat"
"amar prarthana yen ami bidale rupantarit hoi"
"আমার প্রার্থনা যেন আমি বিড়ালে রূপান্তরিত হই"
"then I can prove a match for my foe"
"tahale ami amar shatrur jonno ekti match praman karate pari"
"তাহলে আমি আমার শত্রুর জন্য একটি ম্যাচ প্রমাণ করতে পারি"
The Rishi understood the mouse's plight
rishi indurer durdasha bujhte perechilen
ঋষি ইঁদুরের দুর্দশা বুঝতে পেরেছিলেন
he threw some holy water on the mouse's body
tini indurer sharire kichu pobitro jol nikshep korechilen
তিনি ইঁদুরের শরীরে কিছু পবিত্র জল নিক্ষেপ করেছিলেন
and she was at once changed into a cat
ebong take abilambe ekti bidale rupantorito kora hoyechilo
এবং তাকে অবিলম্বে একটি বিড়ালে রূপান্তরিত করা হয়েছিল

Some nights after, the Rishi spoke to his pet
koyek raat pare, rishi tar posha pranir sathe kotha bolen
কয়েক রাত পরে, ঋষি তার পোষা প্রাণীর সাথে কথা বলেন
"Well, little kitty cat, how do you like your present life?"
"achcha, chott kitty bidal, tomar bartaman jiban kemon legeche?"
"আচ্ছা, ছোট্ট কিটি বিড়াল, তোমার বর্তমান জীবন কেমন লেগেছে?"
"Not much, your reverence," answered the cat
"khub beshi kichu na, tomar shraddha," bidalti uttar dil.
"খুব বেশি কিছু না, তোমার শ্রদ্ধা," বিড়ালটি উত্তর দিল।
"Why don't you like it?" demanded the sage
"tumi ken eta pochondo karo na?" rishi jiggasa korlen.
"তুমি কেন এটা পছন্দ করো না?" ঋষি জিজ্ঞাসা করলেন।
"can you not hold your own against all the cats in the world?"
"apni ki bishwer samast bidaler biruddhe nijer obosthan dhore rakhte parben na?
"আপনি কি বিশ্বের সমস্ত বিড়ালের বিরুদ্ধে নিজের অবস্থান ধরে রাখতে পারবেন না?

"Yes, I am strong enough," answered the cat
"han, ami yathesht shaktishali," bidalti uttar dil.
"হ্যাঁ, আমি যথেষ্ট শক্তিশালী," বিড়ালটি উত্তর দিল।

"Your reverence has made me a strong cat"
"apnar shraddha amake ekti shaktishali bidal banies"
"আপনার শ্রদ্ধা আমাকে একটি শক্তিশালী বিড়াল বানিয়েছে"

"I am able to cope with all the cats in the world"
"ami bishwer samast bidaler sathe maniye nite saksham"
"আমি বিশ্বের সমস্ত বিড়ালের সাথে মানিয়ে নিতে সক্ষম"

"I do not fear cats anymore"
'ami ar bidalke bhoy pai na'
'আমি আর বিড়ালকে ভয় পাই না'

"but I have got a new foe"
"kintu ami ekti natun shatru peshi"
"কিন্তু আমি একটি নতুন শত্রু পেয়েছি"

"every day your reverence goes to the river-side"
"protidin apnar shraddha nadir tire yay"
"প্রতিদিন আপনার শ্রদ্ধা নদীর তীরে যায়"

"at this time a pack of dogs comes to the hut"
"ei samay kukurer ekti dal kundeghare aase"
"এই সময়ে কুকুরের একটি দল কুঁড়েঘরে আসে"

"and they bark so loud that I am frightened for my life"
"ebong tara et jore bhunkache ye ami amar jiban niye bhit"
"এবং তারা এত জোরে ভুঁকছে যে আমি আমার জীবন নিয়ে ভীত"

"If your reverence will not be displeased with me;"
"yadi tomader shraddha amar prati osontusto na hoy;
"যদি তোমাদের শ্রদ্ধা আমার প্রতি অসন্তুষ্ট না হয়;

"I beg you to change me into a dog"
"ami tomake anurodh korchi amake ekti kukure parinat karar jonno"
"আমি তোমাকে অনুরোধ করছি আমাকে একটি কুকুরে পরিণত করার জন্য"

The Rishi spoke, "little kitty, thou shall be a doggy"
rishi ballen, "chott kitty, tumi ekta kukur habe"
ঋষি বললেন, "ছোট্ট কিটি, তুমি একটা কুকুর হবে"

and the cat forthwith became a dog
ebong bidalti totkhonat ekti kukur hoye gale

এবং বিড়ালটি তৎক্ষণাৎ একটি কুকুর হয়ে গেল

Some days passed, and the dog spoke to the Rishi again
kichhu din kete gel, ebong kukurti abar rishir sathe katha bollo
কিছু দিন কেটে গেল, এবং কুকুরটি আবার ঋষির সাথে কথা বলল

"I cannot thank your reverence enough for your"
"ami apnar shraddhar jonno yathesht dhonnobad dite pari na"
"আমি আপনার শ্রদ্ধার জন্য যথেষ্ট ধন্যবাদ দিতে পারি না"

"I was but a poor mouse"
'ami shudhu indur chilam'
'আমি শুধু ইঁদুর ছিলাম'

"you not only gave me speech, but you turned me into a cat"
'tumi amake shudhu boktritai daoni, amake bidale parinat corres'
'তুমি আমাকে শুধু বক্তৃতাই দাওনি, আমাকে বিড়ালে পরিণত করেছ'

"and then you were kind enough to change me into a dog"
"ebong tarpore apni amake ekti kukure parinat karar jonno yathesht dayalu chilen"
"এবং তারপরে আপনি আমাকে একটি কুকুরে পরিণত করার জন্য যথেষ্ট দয়ালু ছিলেন"

"As a dog, however, I suffer a great deal of trouble"
"ekti kukur hisabe, tabe, ami prachur samasyay bhugchi"
"একটি কুকুর হিসাবে, তবে, আমি প্রচুর সমস্যায় ভুগছি"

"I do not get enough to eat"
'ami yathesht khabar pachchi na'
'আমি যথেষ্ট খাবার পাচ্ছি না'

"my only food is what you leave of your supper"
"amar ekmatro khadya hall ya tumi tomar rater khabar theke rekhe yao"
"আমার একমাত্র খাদ্য হল যা তুমি তোমার রাতের খাবার থেকে রেখে যাও"

"that was fine when I was still a mouse"
"ami jakhan indur chilam takhan ota thik chhil"
"আমি যখন ইঁদুর ছিলাম তখন ওটা ঠিক ছিল"

"but you have made me a much larger beast than that"
"kintu tumi amake tar cheyeo onek bad prani banies.

"কিন্তু তুমি আমাকে তার চেয়েও অনেক বড় প্রাণী বানিয়েছ।

"and it is not enough to fill my mouth"

"ebong eti amar mukh puran karar jonno yathesht noy"

"এবং এটি আমার মুখ পূরণ করার জন্য যথেষ্ট নয়"

"O how I envy those apes who jump about from tree to tree"

"ami kibhabe sei banorder irsha kori yara gach theke gache lafi pade"

"আমি কিভাবে সেই বানরদের ঈর্ষা করি যারা গাছ থেকে গাছে লাফিয়ে পড়ে"

"they eat all sorts of delicious fruits!"

"tara sab dharaner suswadu fall khay!

"তারা সব ধরনের সুস্বাদু ফল খায়!

"If your reverence will not get angry with me;"

"yadi tomar shraddha amar upor raag na kore;

"যদি তোমার শ্রদ্ধা আমার উপর রাগ না করে;

"I pray that I be changed into an ape"

"ami prarthona kori yen ami ekti banare rupantarit hoi"

"আমি প্রার্থনা করি যেন আমি একটি বানরে রূপান্তরিত হই"

The kind-hearted sage readily granted his pet's wish

dayalu hridoyer rishi sahajei tar posha pranir ichcha puran korechilen

দয়ালু হৃদয়ের ঋষি সহজেই তার পোষা প্রাণীর ইচ্ছা পূরণ করেছিলেন

and the dog became an ape

ebong kukurti ekti banner hoye othe

এবং কুকুরটি একটি বানর হয়ে ওঠে

Our ape was at first wild with joy

amader banner prothome anande bonyo chhil

আমাদের বানর প্রথমে আনন্দে বন্য ছিল

She leaped from one tree to another

tini ek gach theke anya gache jhanpie padlen

তিনি এক গাছ থেকে অন্য গাছে ঝাঁপিয়ে পড়লেন

and she sucked every luscious fruit she could find

ebong se tar khunje pawa samast suswadu fall chushte lagal

এবং সে তার খুঁজে পাওয়া সমস্ত সুস্বাদু ফল চুষতে লাগল

But her joy was short-lived

kintu tar anand chhil swalposthayi

কিন্তু তার আনন্দ ছিল স্বল্পস্থায়ী

Summer came and brought with it its drought
grishm esechilo ebong tar sathe tar khara niye esechilo
গ্রীষ্ম এসেছিল এবং তার সাথে তার খরা নিয়ে এসেছিল

As a monkey she found it hard to drink water out of a river
ekti banner hisabe tini nadi theke jol paan kara kathin bale mane korechilen
একটি বানর হিসাবে তিনি নদী থেকে জল পান করা কঠিন বলে মনে করেছিলেন

and she saw the wild boars splashing in the water all the day long
ebong tini bonyo shukargulike sara din panite chiti thakte dekhechilen
এবং তিনি বন্য শূকরগুলিকে সারা দিন পানিতে ছিটিয়ে থাকতে দেখেছিলেন

She envied their life now
se ekhon tader jibonke ghrina kare
সে এখন তাদের জীবনকে ঘৃণা করে

"Oh, how happy those wild boars are!"
"oh, ei bonyo shukarguli katata sukhi!
"ওহ, এই বন্য শূকরগুলি কতটা সুখী!

"All day their bodies are cooled and refreshed by water"
"sara din tader sharir sheetal ebong jol dwara satej thake"
"সারা দিন তাদের শরীর শীতল এবং জল দ্বারা সতেজ থাকে"

"How I wish I were a boar"
"ami kibhabe shukar hatam"
"আমি কিভাবে শূকর হতাম"

that night she recounted the troubles of being an ape to the Rishi
sei raate tini rishir kache banner hower samasyaguli bornona korechilen
সেই রাতে তিনি ঋষির কাছে বানর হওয়ার সমস্যাগুলি বর্ণনা করেছিলেন

she told him of the pleasurable lives the boars
tini take shukrer anandadayak jeevan samparke bolechilen
তিনি তাকে শূকরের আনন্দদায়ক জীবন সম্পর্কে বলেছিলেন

and she begged him to change her into a wild boar
ebong tini take ekti bonyo shukre parinat karar jonno anurodh korechilen
এবং তিনি তাকে একটি বন্য শূকরে পরিণত করার জন্য অনুরোধ করেছিলেন

The sage's kindness knew no bounds
rishir dayer kon seema chhil na
ঋষির দয়ার কোন সীমা ছিল না
and he complied with his pet's request
ebong tini tar posha pranir anurodh mene chalen
এবং তিনি তার পোষা প্রাণীর অনুরোধ মেনে চলেন
so he turned her into a wild boar
ataeb tini take bonyo shukre parinat carlen
অতএব তিনি তাকে বন্য শূকরে পরিণত করলেন

For two whole days our boar kept her body soaking wet
puro du'din dhore amader shukar tar shorir vijiye rekhechilo
পুরো দু'দিন ধরে আমাদের শূকর তার শরীর ভিজিয়ে রেখেছিল
and on the third day she was also splashing about in her favourite element
ebong tritiya dine tini tar priyo upadantio chiti chilen
এবং তৃতীয় দিনে তিনি তার প্রিয় উপাদানটিও ছিটিয়ে ছিলেন
it was in this day that she happened to see the king of the country
ei dinei tini desher rajar sathe dekha korechilen
এই দিনেই তিনি দেশের রাজার সাথে দেখা করেছিলেন
he was riding on a beautiful adorned elephant
tini ekti sundar sajjit hatir upper chadechilen
তিনি একটি সুন্দর সজ্জিত হাতির উপর চড়েছিলেন
The king was out hunting
raja shikar karte ber hoyechilen
রাজা শিকার করতে বের হয়েছিলেন
and it was only by luck that our boar escaped being caught
ebong cable matra bhagyer karonei amader shukar dhara parar haat theke raksha peyechilo
এবং কেবল মাত্র ভাগ্যের কারণেই আমাদের শূকর ধরা পড়ার হাত থেকে রক্ষা পেয়েছিল
She dwelt on the dangers of being a wild boar
tini bonyo shukar hower bipodguli niye katha bolechilen
তিনি বন্য শূকর হওয়ার বিপদগুলি নিয়ে কথা বলেছিলেন

and she envied the lot of the stately elephant
ebong tini rashtriya hatir prachur lokke ghrina korechilen
এবং তিনি রাষ্ট্রীয় হাতির প্রচুর লোককে ঘৃণা করেছিলেন
the elephant was so fortunate
hatiti khub bhagyaban chhil
হাতিটি খুব ভাগ্যবান ছিল
the elephant got to carry the king of the country on his back
hatiti desher rajake tar pithe bahan karte perechilo
হাতিটি দেশের রাজাকে তার পিঠে বহন করতে পেরেছিল
She longed to be an elephant
se hati hate cheyechilo
সে হাতি হতে চেয়েছিল
and at night she besought the Rishi to make her into an elephant
ebong raate tini rishike take ekti hatite parinat karar jonno anurodh korechilen
এবং রাতে তিনি ঋষিকে তাকে একটি হাতিতে পরিণত করার জন্য অনুরোধ করেছিলেন

Our elephant was roaming about in the wilderness
amader hati moruvumite ghure bedachchilo
আমাদের হাতি মরুভূমিতে ঘুরে বেড়াচ্ছিল
on her adventures she saw the king out hunting
tar abhiyane tini rajake shikar karte dekhechilen
তার অভিযানে তিনি রাজাকে শিকার করতে দেখেছিলেন
The elephant went towards the king's men
hatiti rajar lokder dike gale
হাতিটি রাজার লোকদের দিকে গেল
our elephant had every intention of being caught
amader hatir dhara parar samast ichcha chhil
আমাদের হাতির ধরা পড়ার সমস্ত ইচ্ছা ছিল
The king, seeing the elephant at a distance, admired its beauty
raja dur theke hatitike dekhe tar soundorjer prashansa carlen
রাজা দূর থেকে হাতিটিকে দেখে তার সৌন্দর্যের প্রশংসা করলেন

"catch and tame this elephant," he ordered his servants
tini tanr dasder adesh dilen, "ei hatitike dharun ebong daman karun.
তিনি তাঁর দাসদের আদেশ দিলেন, "এই হাতিটিকে ধরুন এবং দমন করুন।

Our elephant was easily caught
amader hati sahajei dhara padechhil
আমাদের হাতি সহজেই ধরা পড়েছিল

she was taken into the royal stables
take rajkiya astabole niye yawa hoyechilo
তাকে রাজকীয় আস্তাবলে নিয়ে যাওয়া হয়েছিল

and she was soon tamed
ebong shighroi take daman kora hoyechilo
এবং শীঘ্রই তাকে দমন করা হয়েছিল

one day the queen wished to bathe in the waters of the holy Ganga
ekdin rani pobitro gongar jole snan karate cheyechhilen
একদিন রানী পবিত্র গঙ্গার জলে স্নান করতে চেয়েছিলেন

The king wished to accompany his royal consort
raja tar rajkiya sangir sathe jete cheyechhilen
রাজা তার রাজকীয় সঙ্গীর সাথে যেতে চেয়েছিলেন

so he ordered that the newly-caught elephant should be brought to him
tai tini adesh dilen ye sadya dhara pada hatitike tar kache niye asa hok
তাই তিনি আদেশ দিলেন যে সদ্য ধরা পড়া হাতিটিকে তার কাছে নিয়ে আসা হোক

The king and queen mounted on her back
raja ebong rani tar pithe aarohan carlen
রাজা এবং রানী তার পিঠে আরোহণ করলেন

One would suppose that our elephant had now got her wish
keu mane karbe ye amader hati ekhon tar ichchha puron koreche
কেউ মনে করবে যে আমাদের হাতি এখন তার ইচ্ছা পূরণ করেছে

the king had mounted on his back
raja tar pithe chade chilen
রাজা তার পিঠে চড়ে ছিলেন

But no, our little elephant didn't get her wishes
kintu na, amader chotto hatiti tar ichcha puran kareni

কিন্তু না, আমাদের ছোট্ট হাতিটি তার ইচ্ছা পূরণ করেনি
She looked upon herself as a lordly beast
tini nijeke ekjon prabhur pashu hisabe dekhechilen
তিনি নিজেকে একজন প্রভুর পশু হিসাবে দেখেছিলেন

she could not bear the idea that a woman should ride on her back
tini ei dharonati sahya karate parchilen na ye ekajan mahilar tar pithe chadte habe
তিনি এই ধারণাটি সহ্য করতে পারছিলেন না যে একজন মহিলার তার পিঠে চড়তে হবে

it wasn't enough for her that she was a queen
eta tar jonno yathesht chhil na ye tini ekjon rani chhilen
এটা তার জন্য যথেষ্ট ছিল না যে তিনি একজন রানী ছিলেন

She felt she had been degraded
tini anubhav korechilen ye take abanmit kara hase
তিনি অনুভব করেছিলেন যে তাকে অবনমিত করা হয়েছে

She jumped up as violently as elephants can
tini hatir moto hingsrovabe lafi uthlen
তিনি হাতির মতো হিংস্রভাবে লাফিয়ে উঠলেন

both the king and queen fell to the ground
raja o rani dujonei matite pade gelen
রাজা ও রানী দুজনেই মাটিতে পড়ে গেলেন

The king carefully picked up the queen
raja sabdhane ranike tule nilen
রাজা সাবধানে রাণীকে তুলে নিলেন

he took her in his arms
se take tar kole niyechilo
সে তাকে তার কোলে নিয়েছিল

he asked her whether she had been hurt
tini take jigges korechilen ye tini aahat hyechen kina
তিনি তাকে জিজ্ঞেস করেছিলেন যে তিনি আহত হয়েছেন কিনা

he wiped off the dust from her clothes with his handkerchief
tini rumal diye tar kapad theke dhulo muchhe fellen
তিনি রুমাল দিয়ে তার কাপড় থেকে ধুলো মুছে ফেললেন

and he tenderly kissed her a hundred times

ebong tini komalbhabe take eksho bar chumban carlen
এবং তিনি কোমলভাবে তাকে একশো বার চুম্বন করলেন
Our elephant witnessed the king's caresses
amader hati rajar adar pratyaksh koreche
আমাদের হাতি রাজার আদর প্রত্যক্ষ করেছে
and she scampered off to the woods
ebong sei jungle chale gel
এবং সে জঙ্গলে চলে গেল
she ran as fast as her legs could carry her
se joto druto daudate pare tar pa take bahan karate pare
সে যত দ্রুত দৌড়াতে পারে তার পা তাকে বহন করতে পারে
As she ran she thought within herself
dowdanor somoy se nijer modhye chinta korchilo
দৌড়ানোর সময় সে নিজের মধ্যে চিন্তা করছিল
"After all, I see that a queen is the happiest of all creatures"
"sarbopori, ami dekhi ye ekjon rani samast pranir madhye sabacheye sukhi"
"সর্বোপরি, আমি দেখি যে একজন রানী সমস্ত প্রাণীর মধ্যে সবচেয়ে সুখী"
"Of what infinite regard is she the object!"
"ki asim sommaner vishaya se bastu!
"কী অসীম সম্মানের বিষয় সে বস্তু!
"The king lifted her up and took her in his arms"
"raja take uthiye nijer kole tule nilen"
"রাজা তাকে উঠিয়ে নিজের কোলে তুলে নিলেন"
"he made many tender inquiries and wiped off the dust from her clothes"
"tini anek komal anusandhan korechilen ebong tar jamakapad theke dhulo muchhe felechilen"
"তিনি অনেক কোমল অনুসন্ধান করেছিলেন এবং তার জামাকাপড় থেকে ধুলো মুছে ফেলেছিলেন"
"and he kissed her a hundred times!"
"ebong tini take eksho bar chumban korechilen!
"এবং তিনি তাকে একশো বার চুম্বন করেছিলেন!
"O the happiness of being a queen!"
"he rani hower anand!"

"হে রানী হওয়ার আনন্দ!"
"I must tell the Rishi to make me a queen!"
"amake abashyai rishike balate habe amake rani banate!
"আমাকে অবশ্যই ঋষিকে বলতে হবে আমাকে রানী বানাতে!

before the sun had set she went to the Rishi's hut
surya ster agei tini rishir kundeghare chale yan.
সূর্য াস্তের আগেই তিনি ঋষির কুঁড়েঘরে চলে যান।

and she fell to the feet of the holy sage
ebong tini pobitro rishir paye pade gelen
এবং তিনি পবিত্র ঋষির পায়ে পড়ে গেলেন

The Rishi said, "Well, what's the news?"
rishi ballen, achcha, khabar ta ki?
ঋষি বললেন, আচ্ছা, খবর টা কী?

"Why have you left the king's stud?"
"tumi rajar stud chhede chale gas ken?
"তুমি রাজার স্টাড ছেড়ে চলে গেছ কেন?

"What shall I say to your reverence?" she answered
"tomar shraddhar jonno ami ki bolbo?" se uttar dil.
"তোমার শ্রদ্ধার জন্য আমি কি বলব?" সে উত্তর দিল।

"You have been very kind to me"
'tumi amar prati khubi saday chhile'
'তুমি আমার প্রতি খুবই সদয় ছিলে'

"you have granted every wish of mine"
'tumi amar sab ichcha puran corres'
'তুমি আমার সব ইচ্ছা পূরণ করেছ'

"I have one more boon to ask, and it will be the last"
"amar aro ekti ashirbad chawar ache, ebong eti shesh habe"
"আমার আরও একটি আশীর্বাদ চাওয়ার আছে, এবং এটি শেষ হবে"

"By becoming an elephant I have got only my bulk increased"
"hati hoye ami cable amar balk briddhi peshi"
"হাতি হয়ে আমি কেবল আমার বাল্ক বৃদ্ধি পেয়েছি"

"but it has not increased my happiness"
"kintu eta amar anand badayani"

"কিন্তু এটা আমার আনন্দ বাড়ায়নি"

"I see that of all creatures a queen is the happiest in the world"

"ami dekhte pachchi ye samast pranir modhye ekjon rani bishwer sobcheye sukhi"

"আমি দেখতে পাচ্ছি যে সমস্ত প্রাণীর মধ্যে একজন রানী বিশ্বের সবচেয়ে সুখী"

"Do, holy father, make me a queen"

"he pobitro pita, amake rani banao"

"হে পবিত্র পিতা, আমাকে রানী বানাও"

"Silly child," answered the Rishi

"boka baccha," rishi uttor dilen.

"বোকা বাচ্চা," ঋষি উত্তর দিলেন।

"how can I make you a queen?"

"ami kibhabe tomake rani banate pari?

"আমি কিভাবে তোমাকে রানী বানাতে পারি?

"Where can I get a kingdom for you"

"ami kothay tomar jonno ekti rajya pete pari"

"আমি কোথায় তোমার জন্য একটি রাজ্য পেতে পারি"

"and where would I find a royal husband?"

"ebong ami kothay rajkiya swami pub?

"এবং আমি কোথায় রাজকীয় স্বামী পাব?

"All I can do is to change you into an exquisitely beautiful girl"

"ami ya karate pari ta h'l apnake ekti chomotkar sundarmeye parinat kara"

"আমি যা করতে পারি তা হ'ল আপনাকে একটি চমৎকার সুন্দরমেয়ে পরিণত করা"

"you will be possessed of charms to captivate the heart of a prince"

"aapni ekjon rajkumarer hridoyke mohit karar jonno akorshoner adhikari haben"

"আপনি একজন রাজকুমারের হৃদয়কে মোহিত করার জন্য আকর্ষণের অধিকারী হবেন"

"but first you must wait for the moods of the gods"

"kintu prothome tomake debotader mejajer janya apeksha karte habe"

"কিন্তু প্রথমে তোমাকে দেবতাদের মেজাজের জন্য অপেক্ষা করতে হবে"
"they will grant you an interview with some great prince!"
"tara apnake kono mahan rajkumarer sathe sakshatkar debe!
"তারা আপনাকে কোনও মহান রাজকুমারের সাথে সাক্ষাত্কার দেবে!
Our elephant agreed to the change
amader hati poribortone sammat hase
আমাদের হাতি পরিবর্তনে সম্মত হয়েছে
in a moment the beast was transformed into a beautiful young lady
muhurter modhye praniti ekti sundari jubotite rupantarit hoyechilo
মুহূর্তের মধ্যে প্রাণীটি একটি সুন্দরী যুবতীতে রূপান্তরিত হয়েছিল
the holy sage gave her the name of Postomani
pabitra rishi take postomany naam diechilen
পবিত্র ঋষি তাকে পোস্তোমনি নাম দিয়েছিলেন
it meant "the poppy-seed lady"
er ortho "post-beej mahila"
এর অর্থ "পোস্ত-বীজ মহিলা"

Postomani lived in the Rishi's hut
rishir kundeghare thakten postomany
ঋষির কুঁড়েঘরে থাকতেন পোস্তোমনি
and she spent her time in tending the flowers and watering the plants
ebong tini full paricharya ebong gachpalake jol dewar jonno tar somoy byay korechilen
এবং তিনি ফুল পরিচর্যা এবং গাছপালাকে জল দেওয়ার জন্য তার সময় ব্যয় করেছিলেন
One day the Rishi was out on his religious rites
ekdin rishi tar dharmiya achar-anushthane rowna hon.
একদিন ঋষি তার ধর্মীয় আচার-অনুষ্ঠানে রওনা হন।
she was sitting at the door of the hut during the day
se diner belay kundegharer darzay base chhil
সে দিনের বেলায় কুঁড়েঘরের দরজায় বসে ছিল
she saw a richly dressed man come towards the cottage
tini ekjon dhani poshakapara lokke catejer dike aste dekhlen

তিনি একজন ধনী পোশাকপরা লোককে কটেজের দিকে আসতে দেখলেন

She stood up and asked the stranger who he was

tini uthe dandalen ebong achena locatice jiggasa korlen ye tini ke?

তিনি উঠে দাঁড়ালেন এবং অচেনা লোকটিকে জিজ্ঞাসা করলেন যে তিনি কে?

and she asked him what he had come there for

ebong tini take jigges korlen ye tini kiser jonno sekhane esechilen

এবং তিনি তাকে জিজ্ঞেস করলেন যে তিনি কিসের জন্য সেখানে এসেছিলেন

The stranger answered that he had been on a hunt

achena lokti uttar dil ye se shikare giyechhilo

অচেনা লোকটি উত্তর দিল যে সে শিকারে গিয়েছিল

he said he had been chasing a deer in vain

tini bolechilen ye tini ekti harinke nirorthokbhabe tada korchilen

তিনি বলেছিলেন যে তিনি একটি হরিণকে নিরর্থকভাবে তাড়া করছিলেন

he told her that he felt thirsty

tini take bolechilen ye tini trishnarto bodh korchen

তিনি তাকে বলেছিলেন যে তিনি তৃষ্ণার্ত বোধ করছেন

and he said that he came to the hut of the hermit for refreshment

ebong tini bolechilen ye tini refreshment jonno poshupalker kundeghare esechilen

এবং তিনি বলেছিলেন যে তিনি রিফ্রেশমেন্টের জন্য পশুপালকের কুঁড়েঘরে এসেছিলেন

"Stranger, look upon this hut as your own house," Postomani said

"achena, ei kundeghartike tomar nijer bari hisabe dekho," postomany ball.

"অচেনা, এই কুঁড়েঘরটিকে তোমার নিজের বাড়ি হিসাবে দেখো," পোস্তোমনি বলল।

"I'll do everything I can to make you comfortable"

"ami apnake aramdayak karar jonno amar saddhomoto sabkichu karab"

"আমি আপনাকে আরামদায়ক করার জন্য আমার সাধ্যমতো সবকিছু করব"

"I am sorry that we are too poor to suitably entertain you"

"ami dukkhito ye amra apnake jathajathabhabe binodan dewar jonno khub daridra"

"আমি দুঃখিত যে আমরা আপনাকে যথাযথভাবে বিনোদন দেওয়ার জন্য খুব দরিদ্র"

"because, if I am not mistaken, you are the king of this country"

karan, ami yadi bhul na kori, tahle apni ei desher raja.
কারণ, আমি যদি ভুল না করি, তাহলে আপনি এই দেশের রাজা।

The king smiled in recognition of what she said
raja ya bollen ta swikar kare haslen
রাজা যা বললেন তা স্বীকার করে হাসলেন

Postomani then brought out a water-pot
erpor postomany ekti panir patra ber korlen.
এরপর পোস্তোমনি একটি পানির পাত্র বের করলেন।

she made as if she would wash the feet of her royal guest
se emonvabe tairi korechilo yen se tar rajkiya atithir pa dhuye felbe
সে এমনভাবে তৈরি করেছিল যেন সে তার রাজকীয় অতিথির পা ধুয়ে ফেলবে

"Holy maid, do not touch my feet," said he
"pobitro dasi, amar pa sparsh karo na," tini bollen.
"পবিত্র দাসী, আমার পা স্পর্শ করো না," তিনি বললেন।

"I am only a Kshatriya"
'ami shudhui kshatriya'
'আমি শুধুই ক্ষত্রিয়'

"and you are the daughter of a holy sage"
"ebong tumi ekjon pobitro rishir kanya"
"এবং তুমি একজন পবিত্র ঋষির কন্যা"

"Noble sir, I am not the daughter of the Rishi," she replied
"nobel syar, ami rishir may noi," tini uttar diyechhilen.
"নোবেল স্যার, আমি ঋষির মেয়ে নই," তিনি উত্তর দিয়েছিলেন।

"and I am not a Brahmani girl either"
'amio brahmani may noi'
'আমিও ব্রাহ্মণী মেয়ে নই'

"so there can be no harm in me touching your feet"
"sutaran tomar pa sparsh kare amar kon khoti hote pare na"
"সুতরাং তোমার পা স্পর্শ করে আমার কোন ক্ষতি হতে পারে না"

"Besides, you are my guest"

'tachhada tumi amar atithi'
'তাছাড়া তুমি আমার অতিথি'
"and I am bound to wash your feet"
"ebong ami tomar pa dhute badhy"
"এবং আমি তোমার পা ধুতে বাধ্য"
King: "Forgive my impertinence"
raja: "amar asahishnuta kshama kore dao"
রাজা: "আমার অসহিষ্ণুতা ক্ষমা করে দাও"
"What caste do you belong to?" he asked
tini jigges korlen, "apni kon jater?
তিনি জিজ্ঞেস করলেন, "আপনি কোন জাতের?
"I have heard from the sage that my parents were Kshatriyas"
"ami rishir kach theke shunechi ye amar baba-ma kshatriya chilen"
"আমি ঋষির কাছ থেকে শুনেছি যে আমার বাবা-মা ক্ষত্রিয় ছিলেন"
"May I ask you whether your father was a king?" he asked
"ami ki tomake jigges karte pari ye tomar baba raja chilen kina?"
"আমি কি তোমাকে জিজ্ঞেস করতে পারি যে তোমার বাবা রাজা ছিলেন কিনা?
"you have an uncommon beauty and a stately demeanour"
"apnar ekti aswabhabik soundarya ebong ekti rashtriya acharan royce"
"আপনার একটি অস্বাভাবিক সৌন্দর্য এবং একটি রাষ্ট্রীয় আচরণ রয়েছে"
"these qualities show that you were a born princess"
"ei gunguli dekhay ye apni jonmogoto rajkumari chilen"
"এই গুণগুলি দেখায় যে আপনি জন্মগত রাজকুমারী ছিলেন"
Postomani, without answering the question, went inside the hut
postomany, proshner uttor na diye kundegharer bhitare chale gelen
পোস্তোমনি, প্রশ্নের উত্তর না দিয়ে কুঁড়েঘরের ভিতরে চলে গেলেন
she brought out a tray of the most delicious fruits
tini sabacheye suswadu foler ekti tray ber korechilen
তিনি সবচেয়ে সুস্বাদু ফলের একটি ট্রে বের করেছিলেন
and she set the fruits before the king
ebong tini rajar samne folguli sthapon carlen
এবং তিনি রাজার সামনে ফলগুলি স্থাপন করলেন
The king, however, would not touch the fruits

raja abashya folguli sparsh karben na
রাজা অবশ্য ফলগুলি স্পর্শ করবেন না

he waited until the girl had answered his questions
meyeti tar prashner uttar na dewa porjonto tini apeksha korechilen
মেয়েটি তার প্রশ্নের উত্তর না দেওয়া পর্যন্ত তিনি অপেক্ষা করেছিলেন

When pressed hard, Postomani gave the following answer:
jore chap dewa hale, postomany nimnolikhito uttar diyechhilen:
জোরে চাপ দেওয়া হলে, পোস্তোমানি নিম্নলিখিত উত্তর দিয়েছিলেন:

"The holy sage says that my father was a king"
"pobitro rishi bolechen ye amar baba ekjon raja chhilen"
"পবিত্র ঋষি বলেছেন যে আমার বাবা একজন রাজা ছিলেন"

"but he was overcome in a battle"
"kintu tini ekti juddhe parajit hoyechilen"
"কিন্তু তিনি একটি যুদ্ধে পরাজিত হয়েছিলেন"

"so he, with my mother, fled into the woods"
"tai se, amar mayer sathe, jungle paliye gale"
"তাই সে, আমার মায়ের সাথে, জঙ্গলে পালিয়ে গেল"

"My poor father was eaten up by a tiger"
"amar bechara babake ekti bagh kheye felechilo"
"আমার বেচারা বাবাকে একটি বাঘ খেয়ে ফেলেছিল"

"and my mother closed her eyes as I opened mine"
"ebong amar ma chokh bondho kore rekhechilen jakhan ami amar dorja khullam"
"এবং আমার মা চোখ বন্ধ করে রেখেছিলেন যখন আমি আমার দরজা খুললাম"

"there was a bee-hive on the tree"
"gache ekti moumachi-poka chhil"
"গাছে একটি মৌমাছি-পোকা ছিল"

"and I lay at the foot of that tree"
"ebong ami sei gacher padodeshe shuye chilam"
"এবং আমি সেই গাছের পাদদেশে শুয়ে ছিলাম"

"drops of honey fell into my mouth"
'madhur fonta amar mukhe pade gale'
'মধুর ফোঁটা আমার মুখে পড়ে গেল'

"the honey kept the spark inside me alive"
"madhu amar vetorer sfulingke banchi rekhechilo"

"মধু আমার ভেতরের স্ফুলিঙ্গকে বাঁচিয়ে রেখেছিল"
"and then the kind Rishi found me"
"ebong tarpor dayalu rishi amake khunje peyechilo"
"এবং তারপর দয়ালু ঋষি আমাকে খুঁজে পেয়েছিল"
"he brought me into his hut"
'se amake tar kundeghare niye eseche'
'সে আমাকে তার কুঁড়েঘরে নিয়ে এসেছে'
"This is the simple story of this wretched girl"
"at ei durbhaga meyer sahaj golpo"
"এটি এই দুর্ভাগা মেয়ের সহজ গল্প"
"the girl who now stands before the king"
"ye meyeti ekhon rajar samne dandi ache"
"যে মেয়েটি এখন রাজার সামনে দাঁড়িয়ে আছে"
"Call not yourself wretched," replied the king
raja uttor dilen, "nijeke durbhaga bolben na.
রাজা উত্তর দিলেন, "নিজেকে দুর্ভাগা বলবেন না।
"You are the loveliest and most beautiful of women"
"apni narider madhye sabacheye premmay ebong sabacheye sundar"
"আপনি নারীদের মধ্যে সবচেয়ে প্রেমময় এবং সবচেয়ে সুন্দর"
"You would adorn the palace of the mightiest sovereign"
"apni sabacheye shaktishali sarbobhoumo prasadke sajjit karben"
"আপনি সবচেয়ে শক্তিশালী সার্বভৌম প্রাসাদকে সজ্জিত করবেন"

The girl and the king fell in love with each other
meyeti ebong raja eke oporer preme padechilen
মেয়েটি এবং রাজা একে অপরের প্রেমে পড়েছিলেন
and they were joined in marriage by the Rishi
ebong tara rishi dwara bibahe yoga diechilen
এবং তারা ঋষি দ্বারা বিবাহে যোগ দিয়েছিলেন
Postomani was treated as the favourite queen
postomanice priya rani hisabe bibechona kora hoto
পোস্তোমনিকে প্রিয় রানী হিসাবে বিবেচনা করা হত
and the former queen was in disgrace
ebong praktan rani opomanito chilen
এবং প্রাক্তন রানী অপমানিত ছিলেন

Postomani's happiness, however, was short-lived
postomnir sukh abashya swalposthayi chhil
পোস্টোমনির সুখ অবশ্য স্বল্পস্থায়ী ছিল
One day she was standing by a well
ekdin sei ekti cooper pashe dandi chhil
একদিন সে একটি কূপের পাশে দাঁড়িয়ে ছিল
she became giddy and fell into the water
se birokto hoye panite pade gale
সে বিরক্ত হয়ে পানিতে পড়ে গেল
and it was in the well that she died
ebong cooper modhyei tini mara jan
এবং কূপের মধ্যেই তিনি মারা যান
The Rishi came to console the king
rishi rajake santwana dite esechilen
ঋষি রাজাকে সান্ত্বনা দিতে এসেছিলেন
"O king, grieve not over the past"
"he raja, atiter janya duhkh karo na"
"হে রাজা, অতীতের জন্য দুঃখ করো না'
"What is fixed by fate must come to pass"
"bhagya ya sthir kare ta abashyai ghatate habe"
"ভাগ্য যা স্থির করে তা অবশ্যই ঘটতে হবে'
"The queen, who has just drowned, was not of royal blood"
"rani, yini sabematro dubey gechen, rajkiya rokter chilen na"
"রানী, যিনি সবেমাত্র ডুবে গেছেন, রাজকীয় রক্তের ছিলেন না'
"She was born a mouse"
'se indur hoye jonmeche'
'সে ইঁদুর হয়ে জন্মেছে'
"I changed her form many times"
'ami tar rup onekbar poriborton korechi'
'আমি তার রূপ অনেকবার পরিবর্তন করেছি'
"and each time she wished to be changed again"
"ebong protibari tini abar poriborton karate cheyechhilen"
"এবং প্রতিবারই তিনি আবার পরিবর্তন করতে চেয়েছিলেন'
"first I changed her into a cat"
'prothome ami take bidale parinat korechi'

'প্রথমে আমি তাকে বিড়ালে পরিণত করেছি'
"then I changed her into a dog"
'tarpor ami take kukure parinat korechi'
'তারপর আমি তাকে কুকুরে পরিণত করেছি'
"later I changed her into an ape"
"pare ami take ekti banare parinat korechi"
"পরে আমি তাকে একটি বানরে পরিণত করেছি"
"then I changed her into a boar"
"tarpor ami take shukre parinat korechi"
"তারপর আমি তাকে শূকরে পরিণত করেছি"
"I changed her into the elephant you caught"
"ami take tomar dhara hatite parinat korechi"
"আমি তাকে তোমার ধরা হাতিতে পরিণত করেছি"
"and finally I changed her into a beautiful girl"
"ebong abosheshe ami take ekti sundar i may te porinoto korechi"
"এবং অবশেষে আমি তাকে একটি সুন্দরী মেয়ে তে পরিণত করেছি"
"Now that she is gone, take into favour your former queen"
"ekhan yehetu se chale geche, tomar praktan ranir pakshe grahan karo"
"এখন যেহেতু সে চলে গেছে, তোমার প্রাক্তন রাণীর পক্ষে গ্রহণ করো"
"As for my daughter, I'll make her name immortal"
"amar mayer jonno, ami tar naam amar kare deb"
"আমার মেয়ের জন্য, আমি তার নাম অমর করে দেব"
"Let her body remain in the well"
"tar dehoke coupe thakte dao"
"তার দেহকে কূপে থাকতে দাও"
"fill the well up with earth"
"koopti mati diye purno karun"
"কূপটি মাটি দিয়ে পূর্ণ করুন"
"Out of her flesh and bones will grow a tree"
"tar mans o had theke ekti gach janmabe"
"তার মাংস ও হাড় থেকে একটি গাছ জন্মাবে"
"this tree shall be called after her; 'Posto'"
"ei brikkhoke tar name daka habe. Posto'"

"এই বৃক্ষকে তার নামে ডাকা হবে। Posto"'
"this means 'the Poppy tree'"
"er ortho 'poppy gach'"
"এর অর্থ 'পপি গাছ'"'

"From this tree will be obtained a drug called opium"
"ei gach theke afim name ekti madak pawa jabe"
"এই গাছ থেকে আফিম নামে একটি মাদক পাওয়া যাবে"

"opium will be celebrated as a powerful medicine through all ages"
"afim sab boyser modhye ekti shaktishali oshudh hisabe udayapit habe"
"আফিম সব বয়সের মধ্যে একটি শক্তিশালী ওষুধ হিসাবে উদযাপিত হবে"

"it will either be swallowed or smoked"
"at hoy gile fela hobe ba dhumpan kara habe"
"এটি হয় গিলে ফেলা হবে বা ধূমপান করা হবে"

"and it will be a wonderful narcotic to the end of time"
"ebong eti somoyer shesh porjonto akti chomotkar madak drobyo habe"
"এবং এটি সময়ের শেষ পর্যন্ত একটি চমৎকার মাদক দ্রব্য হবে"

"The opium smoker will have one quality of each of the animals"
"afim dhumpayir protiti pranir ekti gun thakbe"
"আফিম ধূমপায়ীর প্রতিটি প্রাণীর একটি গুণ থাকবে"

"they will be mischievous like a mouse"
"tara indurer mato dushtu habe"
"তারা ইঁদুরের মতো দুষ্টু হবে"

"they will be fond of milk like a cat"
"tara biraler moto dudh pochondo korbe"
"তারা বিড়ালের মতো দুধ পছন্দ করবে"

"they will be quarrelsome like a dog"
"tara kukurer mato jhagda karbe"
"তারা কুকুরের মতো ঝগড়া করবে"

"they will be filthy like an ape"
"tara banorer moto nonra habe"
"তারা বানরের মতো নোংরা হবে"

"they will be savage like a wild boar"

"tara bonyo shukrer mato nrishangso habe"
"তারা বন্য শূকরের মতো নৃশংস হবে"
"they will be confident like an elephant"
'tara hatir moto atmobishwasi habe'
'তারা হাতির মতো আত্মবিশ্বাসী হবে'
"and they will be high-tempered like a queen"
"ebong tara ranir mato uchch swabhaber habe"
"এবং তারা রাণীর মতো উচ্চ স্বভাবের হবে"

www.tranzlaty.com

www.ingramcontent.com/pod-product-compliance
Lightning Source LLC
Chambersburg PA
CBHW012014090526
44590CB00026B/4003
* 9 7 8 1 8 3 5 6 6 2 2 0 5 *